ISABELLA PALOMBO

PROFESSIONE ASSISTENTE

Come Trovare Lavoro Velocemente Diventando Assistente Congressuale Di Successo e Fare Carriera

Titolo

"PROFESSIONE ASSISTENTE"

Autore

Isabella Palombo

Editore

Bruno Editore

Sito internet

http://www.brunoeditore.it

Sommario

Introduzione

È fuori dubbio che organizzare eventi possa rivelarsi un lavoro molto stressante, ma sicuramente di grande soddisfazione.

Un lavoro che ricambia l'immensa fatica con altrettante emozioni che nella vita sono tutto e che ripagano di ogni sforzo.

Ho scelto questo lavoro, dopo aver fatto tante altre esperienze lavorative, con la convinzione e la certezza del fatto che è un lavoro faticoso, duro, che lascia poco spazio alla vita privata, al tempo libero e che può persino alterare il proprio equilibrio personale. Ma quando batte il cuore, ti senti vivo, ti lasci coinvolgere e forse anche travolgere da quello che stai facendo.

Chi, come me, fa un lavoro che ama lo prova un po' di più degli altri. L'emozione di un successo non regge il confronto con nessuna fatica. Molte sono le sensazioni che si provano durante gli eventi: ansia, stress, fiducia, allegria, soddisfazione, stanchezza.

5

Tra tutte queste sensazioni, vorrei soffermarmi sulla fiducia, da cui è partita l'ispirazione per scrivere questo libro. La fiducia è un sentimento positivo, che sta alla base di questo, come del resto anche di tutti i tipi di lavoro.

Quando parlo di fiducia mi riferisco alla fiducia nelle proprie capacità, ma soprattutto nelle capacità del proprio staff. La fiducia è il sentimento che dà la giusta energia per vedere tutto in modo positivo ed avere la convinzione che tutto andrà bene.

È fondamentale, quindi, avere il proprio staff perfettamente addestrato, che abbia la consapevolezza del lavoro che andrà a svolgere e che faccia sì che l'evento sia un sicuro successo.

Mi fa piacere ricordare una frase di John Donne:
"Nessun uomo è un'isola".

Questa frase del celebre poeta inglese è perfettamente in sintonia con il nostro lavoro, e traducendo vuol dire che il gioco di squadra è tutto anche quando si organizza un evento.

Scegliere ed addestrare i collaboratori giusti fa sempre la differenza. Non si può pensare di essere sufficienti a sé stessi, ma la squadra viene prima di tutto, la squadra giusta rende il risultato vincente.

Questo vuol essere un percorso sintetico, ma allo stesso tempo completo e soprattutto concreto che permetterà di inserirsi nel mondo congressuale; in particolare nel mondo degli eventi formativi ECM con un'ottima preparazione ed anche di aggiornare collaboratori già esperti, a seguito del regolamento applicativo di cui all'accordo Stato-Regioni, secondo l'accreditamento approvato dalla Commissione nazionale per la formazione continua ECM.

È un percorso, quindi, per chi vuole imparare facendo e sperimentando, a contatto diretto con le professionalità e l'esperienza di chi opera da anni in tali settori.
Inoltre, lo scopo è anche quello di rafforzare alcune competenze di base e far acquisire le competenze e le conoscenze specialistiche della professione.

L'accreditamento di eventi ECM di formazione continua, prevede, infatti, una preparazione aggiuntiva a quella dell'hostess congressuale, che, oltre ad una preparazione di base, deve essere in grado di conoscere a fondo il sistema ECM. Questo percorso affronterà le seguenti tematiche:

- Ruolo dell'hostess o assistente congressuale;

- Competenze e funzioni;

- Briefing;

- Immagine;

- Comunicazione interpersonale;

- Gestione degli imprevisti;

- Rapporti con espositori e visitatori;

- La funzione di *incoming* con i visitatori stranieri e l'utilizzo delle lingue; e nello specifico:

-Tipologia di eventi

-Che cos'è il sistema ECM

-Che cosa è e che cosa fa un *provider* ECM

-Procedure e verifiche di certificazione

-Il ruolo degli sponsor e il conflitto d'interessi

-La valutazione della qualità

Capitolo 1:
Il ruolo dell'assistente congressuale

L'assistente congressuale, uomo o donna che sia, è il biglietto da visita dell'azienda che rappresenta.

L'assistente congressuale è la prima persona che il congressista, sia docente che discente, incontra appena arriva al congresso.

L'assistente congressuale è la figura professionale che si occupa dell'accoglienza ed offre assistenza ai congressisti o ai visitatori durante l'intero svolgimento dell'evento.

L'assistente congressuale si occupa di ricevere ed identificare i congressisti o visitatori, fornendo informazioni e materiale sulla manifestazione.

L'assistente congressuale è a diretto contatto con il congressista, svolgendo quindi una funzione importante e delicata per la quale sono richieste:

- Doti comunicative;

- Buona presenza;

- Una sicura e dettagliata conoscenza dell'organizzazione e del contenuto dell'evento;

- Conoscenze linguistiche, anche di natura tecnica, in relazione al lavoro da svolgere;

- Altissima professionalità;

- Spirito di sacrificio.

Queste sono le cose che un'assistente congressuale deve fare, e sfido chiunque a dire che è un lavoro semplice dove non c'è nulla da imparare e che non richiede nessuna preparazione ed esperienza.

I riflessi del comportamento degli assistenti congressuali hanno un'influenza a 360 gradi sull'intero evento e quindi alla sua buona riuscita; per questo il ruolo dell'assistente congressuale è un ruolo importante e impegnativo, che richiede una grande professionalità.

Competenza e funzioni dell'assistente congressuale

Sono principalmente due gli ambienti in cui l'assistente si trova ad operare:

1) La segreteria congressuale;

2) Aula/ sala congressuale,

ed entrambi richiedono una cura ed un'attenzione particolare.

La segreteria congressuale

La segreteria è il primo punto di incontro e di contatto dell'assistente con i congressisti, ed è qui che il congressista viene ricevuto, accolto ed identificato.

I congressisti si distinguono in:

• Relatori e Moderatori (docenti);

• Partecipanti (discenti).

I relatori sono coloro che terranno le lezioni e presenteranno quindi delle relazioni durante il programma scientifico.

I moderatori sono invece coloro che introducono il relatore, gestiscono il tempo assegnato ad ogni relazione o intervento e coordinano la discussione alla fine degli interventi o sessioni scientifiche.

Per i relatori e moderatori viene preparato un *desk* di accoglienza dedicato e diverso da quello dei partecipanti, in quanto i primi riceveranno indicazioni, materiale e documentazione diversa da quella dei partecipanti.

I relatori in genere sono docenti e personaggi di spicco, con i quali bisogna utilizzare tutti i principi di una grande professionalità, educazione, pazienza e senso di collaborazione.

Gli assistenti che saranno in questa postazione dovranno aver preso visione del programma scientifico, in modo da identificare velocemente il relatore o moderatore che si presenta e consegnare rapidamente il materiale e i documenti a lui dedicati.

Il relatore, solitamente, pensa di essere un personaggio pubblico e conosciuto da tutti (anche se a volte non è proprio cosi) vuole essere velocemente identificato e si spazientisce se il tempo della registrazione si prolunga.

In genere, infatti, in questa postazione vengono collocati assistenti già esperti o che hanno già lavorato in eventi simili, che conoscano già almeno alcuni dei relatori e comunque abbiano una buona e comprovata esperienza e conoscenza nell'ambito in cui si muovono.

I partecipanti sono coloro che partecipano per aggiornarsi e seguire le sessioni scientifiche. Viene riservato a loro un *desk* di accoglienza con diverse postazioni che, in base al numero degli iscritti, saranno indicate con le lettere dell'alfabeto, in modo che non si creino confusioni e la registrazione avvenga nel modo più fluido possibile.

Al momento della registrazione, il partecipante dovrà essere identificato con la richiesta del nome; si controllerà sulle liste degli iscritti (preparate e fornite in precedenza dall'ufficio dell'azienda) e si spunterà il nominativo.

Si procederà poi alla registrazione *in loco*. Nel caso in cui la persona non risulti già negli elenchi preparati, verrà inserita negli elenchi, si richiederà il pagamento dell'iscrizione e, se dovuto, si procederà con la compilazione e il rilascio della ricevuta di pagamento.

Dopo aver identificato e completata la registrazione, si procederà con la consegna del badge nominativo.

Il badge riporta il nome e cognome del partecipante ed è necessario al personale di sala per indentificare la persona come discente, per essere sicuri che abbia completato la registrazione ed è obbligo del discente di indossarlo sempre e mostralo all'occorrenza agli assistenti congressuali durante tutta la durata dell'evento.

Il badge è necessario anche per poter accedere all'aree riservate al servizio catering durante le pause congressuali.
Il badge può essere di varia tipologia e forma e viene consegnato

con un cordino – detto *promostring* – che in genere viene fornito da uno degli sponsor della manifestazione.

Negli eventi accreditati ECM, bisogna sempre controllare che sul *promostring* non ci sia il nome commerciale di alcun prodotto perché vietato dal regolamento.

Per regolamento può essere riportato sul *promostring* soltanto il logo dell'azienda sponsor.

In genere i *promostring* vengono inviati dall'azienda sponsor alla segreteria organizzativa sempre prima dell'evento e quindi vengono inizialmente controllati, ma è sempre comunque compito degli assistenti congressuali verificare l'attinenza al regolamento prima che essi vengano consegnati ai relatori e partecipanti.

Oltre al badge nominativo, l'assistente consegna la cartella congressuale contenente il block notes, la penna e il programma dettagliato dei lavori, specificandone il contenuto.

Anche in merito alla borsa congressuale, per il blocco e la penna valgono le stesse regole del *promostring*, e cioè su questo materiale può essere riportato soltanto il logo dell'azienda.

Nessun materiale promozionale sui prodotti può essere inserito nella cartella congressuale.

Sempre in fase di registrazione, verranno anche consegnati i documenti ECM di cui si parlerà più dettagliatamente nei capitoli successivi.

È compito dell'assistente congressuale concludere l'accoglienza dei partecipanti, fornendo tutte le informazioni utili dell'area congressuale: ubicazione dell'aula congressuale, aree catering, bar e toilette.

Preparazione e rilascio degli attestati di partecipazione

La preparazione e il rilascio degli attestati di partecipazione è un momento molto delicato, poiché l'attestato è un documento formale di presenza all'evento che viene rilasciato dalla segreteria e di cui il legale rappresentante si assume ogni responsabilità.

Si rilasciano attestati diversi per i relatori, moderatori e partecipanti all'evento.

Per i relatori e moderati gli attestati vengono preparati in precedenza, avendo a disposizione tutti i dati, e possono essere consegnati anche al momento della registrazione, in quanto l'attestato conferma la loro presenza per la funzione svolta e non per la presenza all'intero evento.

È consigliabile dare sempre l'attestato insieme al kit di iscrizione, perché spesso il relatore lascia la sede congressuale dopo aver fatto la sua relazione o intervento dimenticando di ripassare per la segreteria e quindi di ritirare l'attestato che viene poi spesso richiesto nei giorni successivi; comportando quindi l'invio successivo per posta elettronica o anche cartaceo per posta normale, con aggravio di spese e soprattutto perdite di tempo.

Per i discenti invece gli attestati si preparano dopo aver verificato:

• l'effettiva registrazione al corso;

• che il discente sia quindi presente nelle liste degli iscritti;

• dopo aver controllato l'esattezza dei dati personali.

La consegna dell'attestato avviene solo alla fine dell'evento e consegnato direttamente all'interessato.

Nel caso in cui il discente avesse la necessità di andare via prima della fine dell'evento, verrà indicata sia nella lista degli iscritti, sia sull'attestato l'orario di uscita.

Per nessun motivo si consegnano attestati in bianco o a persone diverse dal diretto interessato

È di fondamentale importanza ricordare che l'attestato è un documento a tutti gli effetti dove si dichiara che la persona è stata in un luogo in uno o più giorni ed il legale rappresentante che lo firma si assume tutta la responsabilità di questa dichiarazione.

Purtroppo capita che ci sia qualcuno in malafede che utilizzi questi attestati in modo inadeguato, creando grossi problemi all'organizzazione e mettendo anche il legale rappresentante in situazioni di grosso imbarazzo, se non in situazioni addirittura spiacevoli e delicate.

Consegna del materiale congressuale

Dopo la registrazione del partecipante, che appone la sua firma nelle liste degli iscritti, viene consegnato il materiale congressuale che è composto da:

• Badge nominativo;

• Cartella congressuale;

• Documenti per l'ottenimento dei crediti ECM.

Il badge nominativo è il cartoncino che può essere di varie forme e misure su cui è riportato il nome e cognome del partecipante. In genere viene stampato in precedenza, se si conoscono i nominativi, altrimenti si stampa *in loco* dopo la registrazione.

A volte sotto il nome e cognome è indicato un codice a barre corrispondente al nominativo, quando la rilevazione della presenza viene effettuata tramite lettore ottico.

Il badge serve al personale di segreteria per identificare i partecipanti realmente registrati e va indossato durante tutte le fasi dell'evento; viene corredato da un laccetto o *promostring*, in modo che possa essere comodamente messo al collo.

I promostring sono spesso forniti dagli sponsor del congresso e sono personalizzati con il logo dello sponsor e messi a disposizione della segreteria.

Durante l'allestimento della segreteria, sarà compito dell'assistente congressuale mettere in ordine alfabetico i badges e riporli nelle apposite scatoline o contenitori che vengono messi a disposizione in modo da tenerli tutti ordinati e di facile individuazione per la consegna al partecipante.

La disposizione e suddivisione dei badges deve essere fatta con molto ordine e rigore per evitare che dopo pochi minuti dall'inizio della registrazione, sul desk si crei confusione con difficoltà di individuazione del badge corrispondente in breve tempo.

Si sa che si perde facilmente la pazienza quando si è di corsa per qualunque cosa, e dando l'impressione che sul desk ci sia disordine e confusione, si trasmette ai partecipanti un segno di scarsa efficienza organizzativa, generando ulteriore scompiglio, malcontento, critiche e commenti negativi.

I badges vengono disposti in ordine alfabetico ed ordinati in modo che l'individuazione possa essere velocissima e corretta.

Insieme al badge viene consegnata la cartella congressuale, che, come già detto, contiene di solito un block notes, una penna e il programma scientifico dell'evento.

Nel momento in cui si consegna al congressista, si specifica anche il contenuto.

Trattandosi di un evento accreditato ECM, non è consentito distribuire con il kit congressuale materiali pubblicitari con i nomi dei prodotti commerciali, né dépliant o materiale illustrativo dei prodotti stessi o gadget con impresso il nome del prodotto.

Oltre a quanto descritto sopra, sempre in segreteria si consegna la documentazione che deve essere compilata dal partecipante, per aver poi diritto al rilascio dei crediti ECM; ma di questo se ne parlerà in maniera più estesa e dettagliata nel capitolo dedicato all'accreditamento ECM.

La segreteria congressuale è il primo punto che il congressista trova all'arrivo nella sede congressuale e il punto al quale tornerà ogni qualvolta abbia necessità di informazioni.

Per questo motivo è necessario che il desk di segreteria sia sempre in perfetto ordine e il personale che si trova in segreteria sempre disponibile a fornire le informazioni richieste.

L'ordine è fondamentale, soprattutto al momento della registrazione, per evitare ai partecipanti attese e il crearsi di lunghe code che generano nervosismo e confusione. L'ordine è comunque importante sempre per trasmettere la consapevolezza che il personale sia perfettamente all'altezza di gestire tutta la situazione.

Gli assistenti addetti alla segreteria dovranno avere sempre un aspetto perfettamente curato ed ordinato, non mostrare segni di stanchezza ed essere sempre disponibili e gentili nell'accogliere le richieste di informazioni e saper fornire le risposte.

Un assistente congressuale deve avere sempre a portata di mano un elenco con i numeri utili: taxi, ferrovie, aeroporti e conoscere perfettamente la sede congressuale, in modo da saper indicare tutti i servizi ed eventualmente documentarsi per fornire le informazioni richieste.

Non mi stancherò mai di ripetere che il desk di accoglienza e di registrazione dà l'idea dell'efficienza della società organizzativa ed è la forma più diretta e immediata di pubblicità per se stessi.

Un altro segno di efficienza è quello di avere sempre a portata di mano tutto ciò che possa servire, e per questo motivo in segreteria viene sempre messo a disposizione un contenitore dove trovare: forbici, spillatrici, colla, nastro adesivo, penne, elastici, evidenziatori, pennarelli ecc…per ogni necessità.

Sempre in segreteria si tiene a disposizione un piccolo kit di pronto soccorso con l'occorrente di prima necessità.

Spesso gli eventi con elevato numero di partecipanti vengono gestiti con programmi specifici attraverso i quali è possibile controllare la registrazione effettuata prima della data dell'evento è il pagamento della quota di iscrizione.

Per questo motivo l'assistente congressuale è necessario che abbia conoscenze dei principali programmi di Office, come Word ed Excel, che sappia utilizzare la posta elettronica e abbia dimestichezza con l'utilizzo di internet, nel caso in cui sia necessario fornire informazioni richieste sul luogo.

Il secondo ambiente in cui l'assistente congressuale si muoverà sarà l'aula o sala congressuale, dove cioè si svolgeranno tutte le sessioni scientifiche.

La preparazione e la cura dell'aula congressuale è determinante ai fini dello svolgimento regolare ed elegante del programma scientifico.

Prima dell'inizio dei lavori, l'assistente congressuale dovrà per prima cosa controllare la preparazione del podio e del tavolo dei relatori e moderatori ed accertarsi della presenza di un eventuale presidente o autorità che aprano i lavori congressuali; questo potrà farlo verificando il programma scientifico di cui dovrà avere sempre a portata di mano una copia.

Verificato il programma e la scaletta delle presentazioni, dovrà provvedere al posizionamento dei cavalieri (cartoncini con i nominativi dei "panelisti"), sia sul podio che sul tavolo dei relatori.

È sempre opportuno, prima dell'allestimento del podio e del tavolo dei relatori, verificare l'esattezza del nome riportato sul cavaliere confrontandolo con il nome riportato sul programma.

Può capitare che il nome sul cavaliere non sia stato stampato correttamente. In questo caso è necessario segnalarlo subito agli assistenti in segreteria, in modo da poterlo ristampare correttamente e sostituirlo per tempo.

Sul tavolo dei relatori dovrà essere posizionato per ogni postazione: block notes, penna, programma dell'evento.

Dovrà provvedere insieme agli addetti all'assistenza tecnica alla verifica del funzionamento dei microfoni, la presenza di interruttori o eventuali telecomandi per accensione e spegnimento delle luci e coordinarsi con il personale tecnico per l'utilizzo di queste attrezzature, infine accertarsi che siano a disposizioni bicchieri puliti e bottiglie di acqua fresca per ogni relatore.

Sempre compito dell'assistente di sala, è conoscere l'ubicazione del centro slide, per indirizzare gli *speakers* alla consegna delle loro relazioni prima del proprio intervento.

Il centro slide è in genere uno spazio, un box o una stanza dove c'è la regia ed i tecnici che provvedono a coordinare le presentazioni scientifiche ed impostare la scaletta in base al programma scientifico.

Per fare ciò, è necessario che ciascun relatore consegni la sua relazione in anticipo al tecnico di competenza.

Presso il centro slide in genere c'è sempre anche un computer a disposizione degli *speakers* per eventuali prove o revisioni dell'ultimo minuto e quindi l'assistente di sala dovrà esserne a conoscenza e saper indirizzare lo *speaker* in caso di bisogno.

Espletate queste procedure iniziali, l'assistente di sala, dedicato ai relatori, si posizionerà nell' immediate vicinanze del tavolo dei relatori con tutto il materiale necessario per le sessioni che gli sono state affidate.

A questo proposito dovrà:

• preparare in ordine di scaletta tutti i cavalieri in modo da poterli velocemente cambiare all'avvicendarsi degli *speakers* senza creare confusione o intralcio.

• Controllare il *timing* delle relazioni e segnalarle garbatamente al moderatore in caso di sforamento, per evitare l'accumulo di fastidiosi ritardi sulla tabella di marcia

• Fare assistenza durante le discussioni riposizionando i cavalieri, se uno *speaker* viene chiamato a rispondere alle domande.
Oltre all'assistente dedicato agli *speakers,* saranno presenti in aula, in base al numero dei partecipanti, uno o più assistenti dedicati solo ai candidati, che, muniti di microfoni a gelato, dovranno fare assistenza durante le discussioni.

L'assistenza consiste nel tenere sotto controllo il settore che gli è stato assegnato, verificando gli eventuali interventi, che in genere si palesano con alzata di mano, facendo bene attenzione all'ordine delle alzate di mano e rispettarlo, evitando di dare la precedenza alla persona che per comodità si trova più vicina.

È di fondamentale importanza che venga seguito l'ordine delle alzate di mano e con molta celerità spostare il microfono da una persona all'altra, senza aspettare che venga richiesto.

È necessario che ci siano un buon coordinamento anche tra gli assistenti rivolti ai partecipanti, in modo che venga rispettato l'ordine, ma che si vada anche in aiuto di qualche collega in difficoltà, in modo che tutto scorra nel modo più fluido possibile.

L'assistente di sala, che sia destinato agli *speakers* o alla platea, dovrà sempre e comunque tenere sempre sotto controllo tutto ciò che succede in sala e, in caso di necessità, intervenire più tempestivamente possibile e nella maniera più discreta possibile, in modo da non rendere palese l'eventuale problema a tutta la platea, trovando però direttamente la soluzione o chiedendo supporto ad altri colleghi.

Un assistente congressuale, che sia assegnato alla segreteria o che sia assegnato alla sala, svolge sempre un ruolo di primaria importanza e delicatezza ed è l'immagine dell'azienda che rappresenta. Il comportamento, la completezza e la correttezza delle informazioni che fornisce, l'assistenza che offre e il modo di relazionarsi incidono moltissimo sul grado di soddisfazione del cliente.

L'assistente è chiamato quindi in ogni occasione a svolgere la sua mansione, con la massima competenza e professionalità e a relazionarsi con il cliente con cortesia e pazienza, in modo da facilitare la sua partecipazione all'evento.

L'assistente congressuale deve avere una perfetta conoscenza della tipologia dell'evento, conoscendone tutti gli orari ed il *timing* di svolgimento; avere una perfetta conoscenza della location dove si trova, in modo da fornire indicazioni rapide e precise a tutti partecipanti e dimostrando di essere parte integrante dello staff organizzativo.

Nessuno dovrà avere la sensazione che l'assistente congressuale è una persona messa lì solo per l'occasione, ma tutti dovranno avere l'impressione e la sensazione che faccia parte integrante del team.

RIEPILOGO DEL CAPITOLO 1:

- SEGRETO n. 1: L'assistente congressuale, donna o uomo che sia, è il biglietto da visita dell'azienda che rappresenta.

- SEGRETO n. 2: È compito dell'assistente congressuale concludere l'accoglienza dei partecipanti fornendo tutte le informazioni utili dell'area congressuale: ubicazione dell'aula congressuale, aree catering, bar e toilette.

- SEGRETO n. 3: Il desk di segreteria deve essere sempre in perfetto ordine, e il personale ad esso dedicato sempre disponibile nel fornire le informazioni richieste.

- SEGRETO n. 4: La preparazione e la cura dell'aula congressuale è determinante ai fini dello svolgimento regolare ed elegante del programma scientifico.

- SEGRETO n. 5: L'assistente di sala, che sia destinato agli *speakers* o alla platea, dovrà sempre e comunque tenere sotto controllo tutto ciò che succede in sala e, in caso di necessità, intervenire tempestivamente ma discretamente, in modo da non rendere palese l'eventuale problema a tutta la platea.

Capitolo 2:
Il briefing dello staff

Coordinazione ed assegnazione dei ruoli sono indispensabili al corretto svolgimento di tutte le attività.

Per questo motivo bisogna chiarire prima dell'evento **chi fa cosa**.

Alcune ore prima dell'evento, l'*event planner* (o responsabile dell'evento), riunisce tutto lo staff con lo scopo di assegnare i compiti con i rispettivi *timing*.

Per prima cosa ad ogni membro dello staff verrà consegnato il programma dell'evento e verranno fornite tutte le informazioni utili e necessarie con l'assegnazione delle postazioni di lavoro ed i ruoli, in modo da avere chiara la scaletta degli avvenimenti compresivi di pause ed eventuali sessioni extra dalla sala plenaria.

Si procederà ad un'illustrazione della location, sia sulla planimetria che direttamente sul posto, con una visita proprio delle varie stanze, sale o spazi dedicati alle diverse attività, e si procederà ad un controllo della presenza di segnaletica e locandine, si allestirà il tavolo dei relatori (come indicato in precedenza) e la segreteria, verificando che ci sia tutto l'occorrente necessario.

Lo staff deve prestare la massima attenzione a tutto ciò che gli viene riferito e, nel caso avesse dubbi, meglio esternarli subito e chiedere ulteriori spiegazioni.

Niente dovrà essere lasciato al caso o all'improvvisazione: lo svolgimento di un evento richiede la massima conoscenza e coordinazione di tutto ciò che succede e tutto deve procedere senza il minimo intoppo.

Un piccolo imprevisto o la mancata conoscenza dei dettagli potrebbe inficiare il grosso lavoro di organizzazione svolto in precedenza.

Un buon assistente congressuale dovrà sempre tenere bene a mente le seguenti regole:

1)   assolutamente evitare il mancato coordinamento in fase di registrazione ed accoglienza dei partecipanti (ognuno deve sapere esattamente chi deve consegnare i badge, chi registrare le presenze, chi consegnare i materiali ecc...).

Bisogna anche evitare che si verifichi una mancata copertura delle sale e delle aree comuni duranti gli intervalli: tutti devono essere al posto giusto nel momento giusto.

Nel *timing* che viene consegnato al momento del briefing vengono per questo indicati luoghi, orari e spostamenti; e prima che un'assistente vada in pausa, deve accertarsi che ne abbia la possibilità e che abbia completato le mansioni assegnate.

2)   evitare che ci siano contrattempi nella distribuzione dei documenti (obbligatori per legge), per l'espletamento delle pratiche ECM o anche nel momento della raccolta. Il non corretto espletamento di questo compito potrebbe causare, oltre alla perdita di tempo, lamentele e segnalazioni da parte dei partecipanti agli organi competenti, generando controversie anche dal punto di vista regolatorio con pesanti conseguenze.

3)   evitare assolutamente che lo staff non sia in grado di orientare i partecipanti e di fornire informazioni o chiarimenti.

Ad ogni membro dello staff verrà assegnato il proprio ruolo di segreteria o di sala ed il relativo *timing*.

Per nessun motivo si potranno disattendere queste indicazioni. In caso di necessità, lo staff dovrà confrontarsi con il responsabile che cercherà di trovare una soluzione.

Durante il briefing, lo staff, sotto la direzione di un responsabile, allestirà il kit congressuale, raccogliendo ed organizzando tutto il materiale che si prevede di consegnare sia ai partecipanti che ai relatori e moderatori, preparando dei sacchetti o borse e riponendole divise ed ordinate in modo da rendere la consegna più fluida possibile.

I partecipanti (ma anche gli espositori) chiederanno informazioni logistiche a qualunque membro dello staff che si trovi nei paraggi: è essenziale quindi che tutto il personale di staff abbia ricevuto un'adeguata istruzione sugli spazi della location e possano quindi orientare velocemente e con sicurezza le persone o rispondere in modo esauriente sulla scaletta dell'evento.

Nel caso in cui vengano fatte invece richieste di tipo tecnico, lo staff dovrà indirizzare i partecipanti al banco della segreteria, dove un responsabile potrà sicuramente rispondere ad ogni domanda.

L'immagine

Come detto all'inizio, l'assistente congressuale è il biglietto da visita dell'agenzia che lo rappresenta;
è la prima persona che il congressista incontra al momento dell'arrivo nella sede congressuale.

È di fondamentale importanza che l'assistente congressuale, quindi, rispecchi esattamente l'immagine della società.
Quando si parla di immagine s'intende sia l'immagine estetica che comportamentale.

Immagine Estetica

Non mi stancherò mai di ripetere che lo staff, durante gli eventi medico-scientifici, non è uno staff di facciata, ma è uno staff operativo che interagisce a 360gradi con tutto quello che succede.

Non vengono reclutate a questo scopo quindi ragazze o ragazzi immagine, come avviene in molte fiere o eventi di altra tipologia, ma persone che abbiamo una buona preparazione, che sappiano esattamente cosa devono fare e che si presentino in modo curato e ordinato, che dimostrino di aver un eccellente profilo professionale e che conoscano il galateo di base per la gestione di queste situazioni.

In genere, si richiede di indossare una divisa o un completo (pantaloni o gonna) molto sobrio e tutti dello stesso colore (queste informazioni vengono inviate al personale già al momento del reclutamento). Non è ammesso per nessun motivo abbigliamento diverso da quello richiesto.

È necessario che gli abiti indossati siano sempre perfettamente puliti e ben stirati, e, se l'evento dura più giorni, avere a disposizione sempre dei ricambi.

Per le ragazze, assolutamente vietato trucco e pettinature vistose, camicie trasparenti o scollate, minigonne e tacchi a spillo.

Una raccomandazione particolare per le ragazze: i capelli dovranno essere sempre ben puliti e, se lunghi, raccolti in modo da lasciare scoperto il viso. Capelli ordinati e viso scoperto trasmettono voglia di comunicare con gli altri e quindi ben predispongono l'interlocutore.

Stesso dicasi per il trucco: un viso curato e non appesantito dal trucco trasmette senso di ordine, sicurezza e professionalità.

Assolutamente sconsigliato l'uso di profumi forti: ricordiamoci che in questo lavoro siamo a diretto contatto con il pubblico e a volte la distanza è veramente ravvicinata.

Gli spazi potrebbero essere non molti ampi e quindi vengono percepiti tutti gli odori delle persone che ci circondano, cosi come le persone stesse percepiranno i nostri, quindi massima cura della persona con estrema attenzione alle profumazioni che dovranno essere sempre molto delicate.

L'assistente congressuale ha un lavoro molto articolato e duro da svolgere: per l'abbigliamento, le scarpe dovranno essere comode in modo da non creare spiacevoli inconvenienti.

L'aspetto dovrà essere sempre curato e trasmettere una sensazione di ordine e pulizia durante tutta la durata dell'evento.
Assolutamente non indicato un abbigliamento da persona appena uscita dalla discoteca.

Tutto ciò sembrerà banale al lettore, ma vi assicuro che nulla è banale e niente è lasciato al caso; nella mia lunga esperienza ho potuto vedere di tutto.

Spesso gli assistenti sono coinvolti anche nelle attività collaterali che possono essere inaugurazioni, cocktail di benvenuto o cene sociali: anche in questo caso verrà utilizzato lo stesso abbigliamento richiesto durante il convegno e non abiti da sera.

L'assistente sta svolgendo un lavoro anche in queste occasioni senza essere un invitato e quindi deve sempre mantenere un contegno formale e di alta professionalità.

Immagine comportamentale

Il lavoro dell'assistente congressuale è un lavoro di relazione con il pubblico, per cui è necessaria una buona comunicativa e sapersi relazionare nel modo giusto.

La prima regola è saper ascoltare attentamente prima di rispondere e saper attendere che la persona abbia completato la richiesta senza avere fretta di fornire la soluzione.

Si può fornire la risposta solo se si è sicuramente in grado di fornirla, altrimenti si chiederà alla persona di pazientare in modo che ci si possa informare oppure indirizzare gentilmente al collega più esperto.

La timidezza va superata se si vuole fare questo lavoro: non ci si può nascondere dietro altri colleghi, o, ancora peggio, abbassare il viso o girarsi da un'altra parte per evitare che le persone chiedano qualcosa.

Le prime volte sarà un po' più difficile, ma in genere persone alle prime armi vengono sempre affiancate da colleghi più esperti in modo che abbiano la possibilità di fare esperienza con tutta serenità.

La cosa fondamentale è non cercare di rispondere ad ogni costo, dando informazioni infondate o addirittura inventate: meglio chiedere tempo e documentarsi prima, nel caso in cui non si sia sicuri della risposta.

Molto importante è avere sempre un atteggiamento positivo, di predisposizione verso l'altro.

Un sorriso è sempre un segno di apertura e di cordialità verso l'altra persona, senza mai esagerare o essere troppo espansivi.

Ricordare sempre che il partecipante all'evento è come se fosse nostro ospite e bisogna fare il possibile per farlo sentire a suo agio ed integrato con l'ambiente.

Non mostrare mai la stanchezza.

Pillole di Bon Ton…che non guastano mai.

Come rivolgersi agli altri.

Partendo dall'evidenza che ogni persona è diversa dall'altra e in questa professione ci si trova a contatto con un gran numero di persone, sarebbe opportuno modulare le modalità di rapportarsi a seconda della persona che abbiamo davanti.

Vero è che non siamo tutti psicologi e quindi non è cosi semplice, ma, seguendo almeno delle regole base di semplice Bon Ton, è possibile sempre cavarsela egregiamente.

Vediamo alcuni esempi di tipologia caratteriale che più generalmente potremmo incontrare.

La persona timida, ad esempio, è una delle più semplici da individuare, non va mai "aggredita" (leggete questo termine nel modo più leggero e positivo possibile ovviamente) con un atteggiamento troppo espansivo. Rivolgiamoci a queste persone nella maniera più gentile possibile, senza dover necessariamente spingerli ad una conversazione.

Limitiamoci a fornire tutto il materiale e le informazioni possibili, accompagnandole con un bel sorriso e rassicurando la persona che saremo lì a disposizione per ogni eventuale necessità;

Ci sono anche i timidi, che, essendo consci di questa loro caratteristica, esasperano i toni diventando troppo esuberanti e a volte persino arroganti... anche in questo caso adottiamo lo stesso comportamento, mantenendo sempre un tono di voce calmo e rassicurante.

Ci sono poi persone che a causa della loro supposta importanza (ad es. *speakers* e moderatori), cultura o prestigio a volte possono rivolgersi con toni molto imperiosi.

Con chiunque abbia un atteggiamento arrogante comunque è sempre importante essere molto cortesi per renderli partecipe del loro non corretto atteggiamento.

Quando capita di incontrare persone che già si conoscono, è sempre opportuno rivolgersi a loro con il loro titolo professionale o con quello accademico seguito dal cognome.

Uso del Tu e del Lei

Riguardo l'uso dei pronomi personali, il Voi è l'unico che non si utilizza più da tempo: ormai è relegato ad un uso regionale nell'Italia del sud.

Il Tu ed il Lei vanno usati in casi specifici.

Il Lei dovrà essere adoperato dai giovani nei confronti degli adulti (fanno eccezione i bambini piccoli che danno del Tu a tutti); con le persone da poco conosciute, con quelle con cui si hanno rapporti di lavoro, con le persone più anziane, con quelle più importanti, con i capi e comunque con chiunque si voglia mantenere un rapporto di distacco, sia professionale che emotivo.
Ad una donna si dà sempre del Lei, e solo la donna potrà chiedere il passaggio al Tu.

Il passaggio dal Lei al Tu deve essere sempre proposto da persone gerarchicamente superiori, da persone con titolo maggiori, da quelle illustri.
Ci sono casi in cui mantenere il Lei, pur essendo in confidenza con l'interlocutore, ha il significato di una forma di rispetto.

45

La conversazione

La conversazione è strettamente collegata all'uso del Tu e del Lei. Conversare è sinonimo del relazionarsi con altre persone e di conseguenza i modi saranno diversi a seconda delle persone con cui siamo: non sarà la stessa cosa parlare ad estranei piuttosto che ad amici.

Sono necessarie alcune doti per poter risultare un perfetto conversatore e sono:

• Tatto: capire chi si ha di fronte e non intraprendere conversazioni che gli rechino disturbo;

• Amabilità: intraprendere conversazioni che risultino "leggere";

• Attenzione: dimostrare di avere la capacità di saper ascoltare e non parlare in continuazione;

• Naturalezza: la finzione si scopre sempre e quindi essere sempre più naturali possibile;

• Prudenza: non parlare di argomenti particolari se non si conosce bene l'interlocutore.

In una conversazione si dovrebbe sempre parlare di argomenti comuni a tutti in modo che tutti siano coinvolti. Nel caso in cui ci si trovi con qualcuno di cui non si sa nulla, è buona regola presentarsi e chiedere in maniera carina da dove viene e di cosa si occupa.

Quando si è in più persone, non è corretto rivolgersi solo ad alcuni ignorando gli altri.

Non si parla mai all'orecchio, né in dialetto, né si fanno ammiccamenti o allusioni ai presenti, né si parla in "codice" per non essere capiti dagli altri.

Se qualcuno ci intrattiene con una conversazione noiosa o comunque non di nostro interesse, dovremmo comune prestare attenzione senza mostrare segni di insofferenza, ma cercare di arrivare garbatamente fino alla fine dell'incontro.

Attenzione a non fare complimenti che potrebbero coinvolgere situazioni strettamente personali dell'altra persona, come per esempio "Come sei dimagrita" ad una persona che magari potrebbe avere problemi di salute; nel caso ci si renda di aver fatto una gaffe, si cercherà di porre subito rimedio cambiando velocemente, ma con naturalezza, l'argomento della conversazione.

Non si dovrà mai dire all'interlocutore "Non ha capito", ma piuttosto "Forse non mi sono espresso bene", perché altrimenti sarebbe come avergli dato apertamente dello stupido.

Durante una conversazione con più persone non si dovranno mai fare domande che invadano la privacy, perché la persona a cui si rivolge la domanda non avrà certo piacere che le sue cose diventino di dominio pubblico.
Non si dovrà attirare l'attenzione raccontando barzellette o facendo discorsi sconvenienti pensando di esser spiritosi, oppure usando citazioni in campi a noi poco conosciuti che invece potrebbero essere ben noti agli altri, con il risultato di metterci in imbarazzo e facendoci rendere conto della nostra scarsa conoscenza intellettuale.

È sempre meglio parlare di argomenti che conosciamo bene, senza intervenire in discussioni che riguardano campi a noi del tutto sconosciuti.

Meglio saper ascoltare che parlare a sproposito, perché sicuramente si uscirà arricchiti da questa conversazione.

RIEPILOGO DEL CAPITOLO 2:

- SEGRETO n. 1: Coordinazione ed assegnazione dei ruoli sono indispensabili al corretto svolgimento di tutte le attività, per questo motivo bisogna chiarire prima dell'evento chi fa cosa.
- SEGRETO n. 2: Lo staff deve prestare la massima attenzione a tutto quanto gli viene detto e, nel caso avesse dubbi, meglio esternarli subito e chiedere ulteriori spiegazioni.
- SEGRETO n. 3: Bisogna assolutamente evitare che lo staff non sia in grado di orientare i partecipanti e di fornire informazioni o chiarimenti.
- SEGRETO n. 4: È di fondamentale importanza che l'assistente congressuale rispecchi esattamente l'immagine e lo stile della società che lo rappresenta.
- SEGRETO n. 5: Bisogna saper ascoltare prima di rispondere e saper attendere che la persona abbia completato la richiesta senza aver fretta di fornire la soluzione.

Capitolo 3:
La comunicazione interpersonale

Nell'era in cui la proliferazione delle tecnologie informatiche procede ad una velocità vertiginosa, esiste ancora un lavoro in cui l'importanza della comunicazione interpersonale riveste un ruolo di primaria importanza.

Qualsiasi scambio faccia a faccia tra persone mette in gioco una gamma sconcertante di comportamenti e di informazioni: una miscellanea di tutte le gradazioni tra il linguaggio verbale ed i segnali non verbali.

Su questo argomento sarebbe necessario fare un intero corso, (che consiglio sempre vivamente a chi intende intraprendere questa attività), ma in questa sede mi limiterò a ricordare le cose più importanti.

Innanzitutto alla base di una comunicazione interpersonale deve sempre esserci una buona educazione che guiderà sia le parole che i gesti ed esercitare costantemente la pratica dell'ascolto.

È pericoloso illudersi che l'ascolto sia una pratica molto facile, al contrario è una pratica che richiede sforzo, costanza, intelligenza ed applicazione.

Allenarsi all'ascolto darà molte piacevoli sorprese ed in ogni caso consentirà di evitare errori, fraintendimenti e difficoltà nei rapporti.

Per saper ascoltare sono essenziali alcune precise caratteristiche:

• **Pazienza:** Quante volte siamo tentati di interrompere il nostro interlocutore per evitare perdite di tempo?

Quante volte completiamo noi la frase togliendogli la parola di bocca?

Quante volte lanciamo occhiate all'orologio?

Ecco tutti questi atteggiamenti innervosiscono ed umiliano la persona che ci sta parlando, rendendo poi molto più difficile la comunicazione.

• **Concentrazione:** Bisogna essere presenti sia con il corpo che con la mente, senza vagare con lo sguardo altrove o giocherellando con oggetti.

- **Disponibilità personale:** A volte gli interlocutori possono richiederci o fornirci informazioni che mettono in crisi la nostra sicurezza acquisita. In questi casi siamo portati a chiudere la mente ed ignorare quanto ci viene detto.

L'ascolto può costare fatica, ma la mancanza di esso non è mai un vantaggio e, di solito, aggrava i problemi, complica i rapporti ed allunga le procedure di risoluzione del problema.
Tutta la persona partecipa al processo di comunicazione e la prima conferma decisiva di quanto si sta dicendo viene dall'espressione del viso e dal tono della voce.

Lo sguardo, in particolare, stabilisce un contatto con chi ascolta; un sorriso, al momento opportuno, crea simpatia e fiducia.
Guardare negli occhi l'interlocutore in modo franco ed amichevole è il primo modo per creare un contesto positivo per la comunicazione.

Non tutti sanno spontaneamente adottare il giusto stile di

comportamento per relazionarsi con gli altri.

La timidezza, per esempio, può ostacolare quell'apertura che è premessa di ogni tipo di comunicazione; tutti però possono, grazie ad un continuo esercizio e alla forza delle immagini positive, far crescere la propria autostima e migliorare e proprie capacità relazionali.

Scegliere di diventare assistente congressuale è una buona palestra per allenarsi in questo senso.

È comunque regola fondamentale, rispettare sempre i ruoli e non rivolgersi mai con il Tu, chiunque sia l'interlocutore.
Ci si rivolge a qualunque persona, sia congressista che espositore, con la massima gentilezza e cortesia: attenzione che spesso i gesti del corpo contraddicono quello che si dice e quindi mai essere falsi.

Il nostro corpo è il contenitore delle nostre emozioni che trovano sempre il modo per manifestarsi. È difficile impedire al nostro viso di mostrare i nostri sentimenti, le nostre emozioni e i nostri pensieri, perché, indipendentemente dalla nostra volontà, rivela proprio il nostro essere.

Il viso è la parte più sensibile del corpo, la parte che reagisce maggiormente agli stimoli esterni, cosi come alle emozioni ed alle reazioni che essi suscitano e quindi a volte come diceva Victor Hugo: "quando la bocca dice sì, lo sguardo dice... forse".

Con l'espressione del volto possono così rinforzare il significato delle parole, ma a volte i "sottotitoli" contraddicono il testo.

Dunque anche il nostro corpo comunica attraverso un suo linguaggio specifico: i messaggi più incisivi sono quelli che si trasmettono con le espressioni del volto, con il tono della voce, con i movimenti e con lo sguardo.

Ricordare sempre che le persone che partecipano ad un evento si sentono ospiti dell'organizzazione e quindi vanno considerati e trattati come ospiti propri.

L'essere sempre presenti mentalmente e tenere sotto controllo tutto ciò che succede intorno può essere di grande aiuto nella prontezza e nella disponibilità nei confronti dei partecipanti, riuscendo in tal modo a trasmettere una sensazione di efficienza.

La gestione degli imprevisti.
"Gli accidenti, cercare di cambiarli è impossibile. L'accidentale rivela l'uomo". (Pablo Picasso)

Oggi più che mai questa frase contiene molte verità.
Anche se ci affanniamo, tutto è stato ricontrollato in maniera ossessiva, tutto sembra perfettamente a posto, l'imprevisto è sempre dietro l'angolo e fa parte del gioco, sembra che non possiamo farci nulla.

Nella realtà non è proprio così. Oggi esiste una nuova parola che spesso si associa a queste situazioni: acquisire l'arte della resilienza, cioè avere capacità tutte proprie di risolvere attivamente e positivamente l'imprevisto.

Tendiamo a prevedere, ad immaginarci scenari, ma l'anticipazione non sempre è una buona cosa.

56

Va bene essere organizzati, pianificare per essere efficienti, ma in alcune situazioni meglio essere flessibili e pronti a vivere le situazioni per come si presentano, mostrandosi entusiasti e soprattutto capaci di adattarsi.

Il modo con cui affronteremo le cose lascerà un segno e comunicherà la nostra competenza e che abbiamo la capacità di gestire le difficoltà.

L'importante quindi è non farsi cogliere impreparati e soprattutto mantenere la calma.

Tante sono le varianti nello svolgimento di un avvenimento, soprattutto in eventi colossali può succedere di tutto. Nei momenti critici sono proprio le risorse umane a fare la differenza.

Le donne in genere pensano che gli imprevisti sono nuove opportunità: qualsiasi sia l'imprevisto è sempre un'occasione per stimolare la creatività.

Su questo argomento sono stati svolti anche diversi studi per scoprire quale sia il rapporto delle donne italiane con gli imprevisti se si presentano nella quotidianità.

Perché le donne sono più brave a trasformare un imprevisto in opportunità?

Secondo lo psichiatra Michele Cucchi, le donne hanno due caratteristiche – spirito di abnegazione e flessibilità cognitiva – che permette loro di affrontare le difficoltà con una predisposizione mentale più orientata al problem solving.

A differenza dei colleghi uomini, più competitivi e testosteronici, la donna è più tollerante ad accettare eventuali rischi ed entra in gioco la resilienza, che permette di affrontare il problema anche se subentra stress e disagio.

In questo modo trasforma l'urto dell'imprevisto in un'opportunità di cambiamento e crescita guidate da un particolare sesto senso che spinge a trovare la strada giusta da perseguire alla risoluzione del problema.

Un'autorevole studio pubblicato sulla rivista Bmc Psychology ha messo in evidenza che le donne sono particolarmente rapide e pronte nel passare da un'attività all'altra; in particolare sono più brillanti nello svolgere più mansioni nello stesso tempo, anche perché abituate alla quotidianità della vita di donna.

Pensate soltanto alle attività che svolge contemporaneamente una mamma che lavora e quante situazioni deve gestire contemporaneamente nella giornata con tutti i cambiamenti che ne possono derivare.

Se lo staff è ben addestrato e guidato da una persona esperta, l'imprevisto sarà gestito e risolto nel migliore dei modi.
La qualità più importante in questi frangenti è la capacità di leadership del responsabile dell'evento che in brevissimo tempo dovrà coordinare tutto lo staff; quest'ultimo dovrà essere stato addestrato a comportarsi come una squadra, seguendo alla lettera le indicazioni del leader.

Il *leader* o "capo" o *event planner* deve dare indicazioni precise e prendere decisioni rapide, chiare ed efficaci.
Il resto della squadra deve eseguire, abbandonando anche il

proprio ruolo e facendo tutto ciò che è necessario in quel momento.

Nei momenti difficili sono le risorse umane a fare la differenza: l'elemento umano è differenziante in un mondo sempre più impersonale e globalizzato.

Nei momenti critici, un personale ben addestrato sa come comportarsi e cosa rispondere in modo da gestire tutti insieme l'imprevisto.

Quante volte vi sarete trovati in un aeroporto con un volo in ritardo e vorreste ricevere una risposta sicura riguardo la situazione ed i tempi?

L'attesa e l'incertezza genera nervosismo e sono più pesanti del disagio di per sé.

Innanzitutto bisogna capire la tipologia del problema e specialmente se è un problema reale, prima di allertare e creare ansia. Affrontando poi tutto con il sorriso e la positività, tutte le situazioni critiche possono essere gestite al meglio.

Se la criticità è di livello non grave, allora l'assistente (solo se ha la consapevolezza di poterlo fare) può prestare aiuto direttamente, altrimenti si dovrà rivolgere nel più breve tempo possibile ad un responsabile senza creare però caos ed agitazione.

È comune vedere anche di frequente reazioni esagerate di fronte agli inconvenienti: certo è normale star male all'inizio, ma bisognerà ricorrere alla razionalità che ci consentirà di dare un significato costruttivo a quanto accaduto e disegnare il problema per accorgersi che si può trovare il modo di cavarsela in ogni circostanza.

Mai pensare che tutto sia perso o irreparabile, ma tutto dipenderà da come lo affronteremo. Bisogna avere sempre la perseveranza di chi crede che può farcela.

Riassumendo:

- se alcuni imprevisti si presentano, non lasciamoci prendere dal panico.
- cerchiamo di esaminare le difficoltà e affrontiamole una per una.

- diamoci da fare e non gettiamo la spugna.

- mostriamoci sempre fiduciosi nelle nostre capacità e nella possibilità di chiedere aiuto per acquisire maggiore esperienza e competenze.

Si deve sempre mostrare interesse in ciò che si sta facendo, essere protagonisti dei progetti, come i calciatori sono protagonisti di una partita; bisogna essere tutti coinvolti, prendere insegnamento da tutto ciò che capita; questo arricchirà nel profondo ognuno di noi e allo stesso tempo ci permetterà di essere sereni di fronte agli imprevisti.

Non tutti i mali vengono per nuocere, non è solo una frase fatta. Cose capitate per caso a volte ci aiutano ad apprezzare aspetti non immaginati e aprirci anche la strada a nuove occasioni.

A questo proposito mi piace ricordare alcune frasi celebri sulle quali vi invito a riflettere:

"L'imprevisto non è l'impossibile: è una carta che è sempre

presente nel gioco". (Comte de Belvèze)

"*I piccoli inconvenienti che ci tormentano ad ogni ora si possono considerare destinati a tenerci in esercizio, affinché nella fortuna non si afflosci del tutto la forza di sopportare i guai grossi*". (A. Schopenhauer)

"*Quando hai degli intoppi, se ti preoccupi li raddoppi*". (Anonimo)

"*Il successo è l'abilità di passare da un fallimento all'altro senza perdere l'entusiasmo*". (W. Churchill)

"*Non puoi pensare che qualcosa non accadrà perché non lo hai mai visto accadere in passato*". (Nicholas Nassim Taleb)

Il successo non significa fare tutto alla perfezione sempre e comunque, anche perché non sarebbe umano.

L'importante è, ogni volta che qualcosa va storto, prendere nota di cosa è successo e farne tesoro, perché dagli errori si impara sempre. Bisogna essere però sempre pronti e preparati ad affrontare le difficoltà.

Ogni imprevisto è unico, ma la lezione da esternarne è simile:

• coinvolgere, informare: l'effetto di un fatto imprevisto non riguarda mai un singolo. I colleghi e tutto lo staff sono inevitabilmente coinvolti e normalmente la maggior parte delle persone è disponibile alla comprensione e quindi a dare supporto.

• I momenti critici vanno gestiti in team, mai da soli; non è certo la soluzione migliore cercare di nascondere la situazione difficile sperando che svanisca come per incanto.

•Meglio condividere e riflettere accettando volentieri le idee e i consigli degli altri e soprattutto informare e comunicare senza giudicare.

Essere flessibili: gestire qualsiasi evento eccezionale allargando i confini emozionali, cercando di non considerare solo il lato compassionevole né trattare solo l'operatività, ma trovare un giusto equilibrio.

Permettere ai valori di emergere: ogni evento eccezionale è un test di leadership.

Il rapporto con gli sponsor
Chi sono gli sponsor?

Le aziende sponsor (in genere case farmaceutiche o di strumentazione medicale) sono la primaria fonte di finanziamento per un convegno o un evento medico o sanitario.

Può succedere che un evento, di piccole o grandi dimensioni, abbia solo un *supporter* e quindi sarà un evento "monosponsor" oppure, soprattutto in convegni colossali, ci può essere un consistente supporto aziendale e si parlerà quindi di un evento "plurisponsor".

In caso di eventi "plurisponsor", una grossa parte degli spazi della location congressuale verrà riservata agli spazi espositivi, spazi cioè che gli sponsor potranno personalizzare con i colori, loghi ecc., rispettando sempre le regole di un evento ECM ed organizzando lo spazio in base ad una planimetria che gli viene precedentemente assegnata in fase di organizzazione dell'evento.

Spesso lo sponsor ha tantissime richieste sia logistiche che tecniche e le rivolgerà alla prima persona di staff organizzativo che troverà nei paraggi.

Può capitare che a volte che gli sponsor facciano delle richieste particolari e forse anche un po' fuori luogo.

Un assistente congressuale non potrà entrare in merito all'organizzazione e alla realizzazione di questi spazi ma, in caso di domande da parte delle persone dell'azienda sponsor, soprattutto in fase di montaggio dello stand stesso, dovrà indirizzare quest'ultimo all'*event manager* o comunque a un responsabile dell'organizzazione che potrà dare le giuste risposte.

La cosa più elegante è quella di accompagnare direttamente lo sponsor dal responsabile dell'evento, presentarlo riportando la richiesta fatta, in modo che possa avere in tempi rapidi la risposta adeguata con la consapevolezza di essere stato in ogni caso curato dall'organizzazione.

È vero che lo sponsor è il *supporter* economico dell'evento, ma non per questo può trasgredire alle regole, soprattutto in eventi accreditati ECM e quindi dovrà, anche se molto educatamente, ricevere le giuste risposte.

È opportuno sempre ricordare che negli stand espositivi di eventi ECM, non potranno essere presenti campioni omaggio di specialità farmaceutiche. È consentita la distribuzione soltanto di campioni di prodotti non medicinali, integratori alimentari o similari.

Anche per la presenza di gadget si dovranno sempre rispettare delle regole, cioè l'oggetto offerto come gadget dovrà sempre essere di valore irrisorio.

L'assistente congressuale ha comunque il compito di vigilare su queste regole e, nel caso in cui osservi delle irregolarità, segnalarlo al suo responsabile senza mai intervenire direttamente.

RIEPILOGO DEL CAPITOLO 3:

- SEGRETO n. 1: Qualsiasi scambio faccia a faccia tra persone mette in gioco una gamma sconcertante di comportamenti e di informazioni: una miscellanea di tutte le gradazioni tra il linguaggio verbale e i segnali non verbali.
- SEGRETO n. 2: Rispettare sempre i ruoli e non rivolgersi mai con il Tu, qualunque sia l'interlocutore.
- SEGRETO n. 3: L'essere sempre presenti mentalmente e tenere sotto controllo tutto ciò che succede intorno può essere di grande aiuto nella prontezza e nella disponibilità nei confronti dei partecipanti, trasmettendo una sensazione di efficienza.
- SEGRETO n. 4: Anche se tutto è stato controllato e tutto sembra perfettamente a posto, l'imprevisto è sempre dietro l'angolo e fa parte del gioco. L'importante è non farsi cogliere impreparati e soprattutto mantenere la calma.
- SEGRETO n. 5: Se qualcosa va storto, l'importante è prendere nota di cosa è successo e farne tesoro, perché dagli errori si impara sempre.

Capitolo 4:
Il sistema ECM

All'inizio abbiamo detto che l'obiettivo di questo manuale è quello di formare assistenti congressuali e di aggiornare assistenti già esperti alla gestione degli eventi ECM secondo il regolamento dettato da AGENAS.

L'accreditamento di eventi formativi, infatti, prevede una preparazione più completa dell'assistente congressuale che, oltre ad avere esperienza nella gestione pratica e diretta dell'evento, dovrà avere delle compente specifiche e conoscere bene anche il **Sistema ECM** e in particolare:

-che cos'è il sistema ECM;

-chi è e cosa fa un *provider*;

-procedure e verifiche della documentazione;

-ruolo degli sponsor e conflitto d'interessi.

Che cos'è il sistema ECM

Il sistema ECM, che sta per Educazione Continua in Medicina, è un sistema di aggiornamento attivo in Italia dal 2002, grazie al quale il professionista sanitario si aggiorna per rispondere ai bisogni dei pazienti, alle esigenze organizzative e operative del servizio sanitario e del proprio sviluppo professionale.

Questo sistema è stato attivato in Italia nel 2002 e riguarda circa 800mila operatori sanitari (medici, farmacisti, biologi, infermieri, tecnici sanitari, ecc.) che siano essi, dipendenti, convenzionati o libero professionisti.

La formazione continua è un requisito essenziale per la corretta prassi e per il mantenimento dell'abilitazione all'esercizio professionale di ogni operatore sanitario.

La verifica periodica dell'abilitazione professionale consiste nella certificazione del mantenimento di adeguati livelli di conoscenze professionali e del miglioramento delle competenze proprie del profilo di appartenenza.

È per questo che, in tutti i paesi del mondo, sono nati i programmi di Educazione Continua in Medicina (ECM) che comprendono l'insieme organizzato e controllato di tutte le attività formative, teoriche e pratiche, promosse da un'azienda ospedaliera o da una struttura dedicata alla formazione in campo sanitario, con lo scopo di mantenere elevata la professionalità degli operatori della Sanità.

Il conseguimento dei crediti formativi ECM è quindi obbligatorio.

Il sistema ECM è lo strumento quindi che permette al professionista sanitario di aggiornarsi in modo continuo per rispondere ai bisogni dei pazienti, all' esigenze organizzative e operative del servizio sanitario e del proprio sviluppo professionale.

La professionalità di un operatore della Sanità può venire definita da tre caratteristiche fondamentali:

1) Il possesso di conoscenze teoriche aggiornate (il sapere);

2) Il possesso di abilità tecniche o manuali (il fare);

3) Il possesso di capacità comunicative e relazionali (l'essere).

Il rapido e continuo sviluppo della medicina, nonché l'accrescersi continuo delle innovazioni sia tecnologiche che organizzative, rendono sempre più difficile per il singolo operatore della Sanità mantenere queste tre caratteristiche al massimo livello: in altre parole mantenersi "aggiornato e competente".

Naturalmente, ogni operatore della Sanità provvederà, in piena autonomia, al proprio aggiornamento; dovrà privilegiare, comunque, gli obiettivi formativi d'interesse nazionale e regionale.

La ECM è finalizzata alla valutazione degli eventi formativi, in maniera tale che il singolo medico (o altro professionista sanitario) possa essere garantito sulla qualità ed utilità degli stessi, ai fini della tutela della propria professionalità; la ECM., inoltre, è lo strumento per ricordare ad ogni professionista il suo dovere di svolgere un adeguato numero di attività di aggiornamento e di riqualificazione professionale.

Partecipare ai programmi EMC è un dovere degli operatori della Sanità, richiamato anche dal Codice deontologico, ma è anche un diritto dei cittadini, che giustamente richiedono operatori attenti, aggiornati e sensibili.

Ciò è oggi particolarmente importante ove si pensi che il cittadino è sempre più informato sulle possibilità della medicina di rispondere, oltre che a domande di cura, a domande più complessive di salute.

Cosa sono i crediti formativi ECM.? quanti crediti bisogna maturare?
I Crediti formativi ECM sono una misura dell'impegno e del tempo che ogni operatore della Sanità ha dedicato annualmente all'aggiornamento e al miglioramento del livello qualitativo della propria professionalità. Il credito è riconosciuto in funzione sia della qualità dell'attività formativa che del tempo ad essa

dedicato, in ragione delle specifiche professionalità.

Anche nel triennio 2017-2019 i crediti da maturare sono 150. Novità assoluta, aboliti i limiti minimi e massimi di acquisizione crediti annui. Pertanto dal 1 gennaio 2017 sarà possibile soddisfare il proprio obbligo formativo triennale anche solo nel 2017 o, all'opposto, negli ultimi mesi del 2019.

Chi è e cosa fa un provider ECM

Il *provider* ECM è l'organizzatore ed il produttore di formazione ECM, è la figura che ha ottenuto il riconoscimento da parte di un Ente pubblico di avere un ruolo attivo e qualificato nel campo della formazione continua in Sanità; è quindi abilitato a realizzare attività formative riconosciute idonee per l'ECM, individuandone e attribuendo direttamente i crediti ai partecipanti.

Il *provider* è la figura certificata e garante della qualità e l'assoluta indipendenza della formazione erogata al personale sanitario; deve avere quindi le competenze metodologiche e tecniche per la formazione degli operatori sanitari, competenze scientifiche, di bioetica e degli aspetti giuridici correlati.

Con il nuovo regolamento, i *provider* sono abilitati ad accreditare direttamente gli eventi di cui sono responsabili, inserendo sul portale AGENAS tutti i dati identificativi e relativi al percorso formativo, ai docenti e ai relatori che terranno il corso, attribuendo alla fine i crediti formativi ai partecipanti.

Quella del *provider* è una professione abbastanza complessa: è una figura responsabile dell'individuazione del fabbisogno formativo in ambito sanitario, sulla base del quale, in totale autonomia da interessi commerciali, elabora varie tipologie di piani formativi da erogare, come diverse tipologie di eventi (RES, FAD e FSC).

Per fare questo, il *provider* deve avere una struttura organizzativa tale che preveda al suo interno la presenza di responsabili scientifici e una commissione scientifica con adeguate competenze sui contenuti trattati.

Secondo il regolarmente attualmente vigente il *provider*:

1) È responsabile nel garantire l'effettiva partecipazione degli

operatori alle attività ECM, con verifica della presenza in aula, con la richiesta della firma in entrata e in uscita all'inizio e alla fine dell'evento, o con verifiche elettroniche d' ingresso e d' uscita dalla sede della formazione.

2) Deve garantire la qualità percepita dai partecipanti, somministrando un apposito questionario anonimo per verificare il livello di gradimento dei discenti.

3) Deve valutare l'apprendimento dei partecipanti attraverso strumenti, quali test a risposta multipla, domande a risposta aperta oppure relazioni scritte da parte dei discenti.

4) La valutazione dell'apprendimento è un'altra occasione per il *provider* di verificare l'efficacia formativa dell'evento organizzato.

5) Il *provider* deve attestare alla fine del percorso che il discente abbia svolto la specifica attività acquisendone i crediti formativi assegnati.

6) Al termine di ogni programma, il *provider* deve comunicare all'ente accreditante, i crediti attribuiti ai singoli utenti mediante un tracciato elettronico che riassumi tutti i dati dell'intero evento.

L'assistente congressuale ECM in sede congressuale può essere il rappresentante del *provider* e quindi, per poter svolgere questa mansione, l'assistente deve avere dei requisiti base dai quali non si può prescindere

L'assistente congressuale dovrà essere a conoscenze e soprattutto attuare delle procedure e delle verifiche della documentazione:

-Che cosa si richiede ai partecipanti?

-Che cosa fare in situazioni particolari?

Principalmente sono 3 le cose che l'assistente congressuale deve fare quando si trova nella segreteria:

1) Rilevare le presenze;

2) Consegna e ritiro della modulistica;

3) Gestione dei casi particolari.

Rilevamento delle presenze:
Durante un evento ECM è di fondamentale importanza rilevare la presenza e la partecipazione alle sessioni scientifiche dell'evento, al fine di poter erogare i crediti ECM al partecipante.

La partecipazione in termini di tempo è diversa a seconda della tipologia dell'evento:

• Per eventi con numero di partecipanti inferiore a 200, la partecipazione deve corrispondere al 100% del programma;

• Per eventi con numero di partecipanti superiore a 200 la partecipazione effettiva deve arrivare all'80% delle sessioni scientifiche.

La rilevazione della presenza può avvenire con due modalità:

1) con apposizione della firma in entrata e in uscita su apposite liste preparate, indicando anche l'orario effettivo di entrata e uscita.

2) con sistema di rilevamento elettronico con rilevatore di presenza mediante lettura del codice a barre che deve essere presente sul badge del partecipante.

Ovviamente il sistema di rilevamento elettronico, oltre ad essere più complesso, perché prevede la preparazione di badges con codice a barre e di un software apposito per ogni evento, è anche più costoso e in genere si riserva ai grandi eventi dove il numero dei partecipanti è molto elevato.

Mentre la firma viene effettuata sul desk di segreteria, il rilevamento elettronico può essere effettuato sia nel desk di segreteria, se si trova nelle vicinanze della sala congressuale o, soluzione ideale, proprio davanti alle porte di entrata e uscita della sala stessa.

Il sistema di rilevamento elettronico è un sistema comunque più affidabile e accurato per la rilevazione delle presenze.

È assolutamente vietato che un partecipante firmi a nome di un altro collega o che si presenti al rilevamento elettronico con più badges. La registrazione della firma e la consegna del badge dovrebbe avvenire dietro presentazione di documento di identità.

Consegna e ritiro della documentazione:
Per l'ottenimento dei crediti ECM, la documentazione che il partecipante dovrà compilare e riconsegnare a fine evento è composta da:

1)   una scheda di iscrizione che il partecipante dovrà compilare in modo leggibile in tutte le sue parti fornendo tutti i dati richiesti. È molto importante che vengono forniti tutti i dati in modo da poterli inserire nel rapporto finale dell'evento e consentire l'erogazione dei crediti. L'assistente dovrà raccomandarsi che i moduli vengano compilati in modo leggibile per non correre il rischio di essere esclusi dal rapporto finale e perdere così il diritto ai crediti ECM.

2)   Scheda di valutazione della qualità dell'evento

Mediante questo modulo i partecipanti dovranno indicare quanto l'evento sia stato efficace relativamente alle loro esigenze formative, dare una valutazione anche sui docenti e avranno la possibilità di riportare anche un breve commento indicando eventuali mancanze o suggerimenti.

3)   Questionario con quiz a risposta multipla.

Il questionario è composto da quiz forniti dal comitato scientifico e dai relatori stessi sulle relazioni e lezioni presentate e serve per valutare il grado di apprendimento del partecipante. Il questionario è composto da quiz a risposta multipla, il cui numero è dipendente dai crediti assegnati all'evento e vengono calcolati moltiplicando per 3 il numero dei crediti assegnati. In genere si considera superato il test se le risposte esatte sono almeno l'80% del totale.

Per l'ottenimento dei crediti è necessario che il partecipante a fine evento riconsegni tutti i moduli debitamente compilati.
Non possono essere accettati moduli inviati dopo la chiusura dell'evento o inviati per posta nei giorni successivi.

Riepilogando: per poter ottenere i crediti ECM è necessario che il partecipante consegni tutta la documentazione debitamente compilata, abbia superato il test di apprendimento ed abbia partecipato all'80-100% dell'evento.

Per eventi con numero superiore a 200 partecipanti non è obbligatorio il test di apprendimento, ma il partecipante stesso, oltre alla valutazione della qualità e alla presenza accertata per almeno l'80% della durata dell'evento, dovrà rilasciare una dichiarazione scritta per aver effettivamente seguito l'evento.

In un evento accreditato ECM anche per il relatore o il moderatore c'è una modulistica da far compilare. Infatti, al momento della registrazione, dopo aver consegnato il kit congressuale, il badge e il programma dell'evento, sarà necessario far compilare al relatore/moderatore la seguente modulistica, e precisamente:

1) Modulo relativo alla dichiarazione sul conflitto d'interesse
Con questa dichiarazione il docente dovrà segnalare l'eventuale

82

impegno in qualità di consulente con aziende sponsor, indicando il nome dell'azienda e la tipologia di consulenza.

2)   **Liberatoria nel caso ci fossero riprese audio video** o se il materiale presentato verrà consegnato ai partecipanti come atti del congresso.

Nel caso in cui i partecipanti richiedessero di avere una o più relazioni presentate nel programma ECM, esse potranno essere fornite soltanto se il docente ha rilasciato al *provider* la liberatoria.
In caso contrario, per nessun motivo potranno essere fornite.

Riassumendo:
durante un evento ECM, l'assistente dovrà:
1)   Raccogliere le firme d'entrata e uscita per la rilevazione cartacea delle presenze;
2)   Consegnare e ritirare la modulistica necessaria per l'erogazione dei crediti, la valutazione dell'evento e il test ECM;
3)   Rispondere ad eventuali domande o dubbi da parte del partecipante;

4)   Accogliere i relatori con ritiro della documentazione richiesta e necessaria.

Ruolo dello sponsor e conflitto d'interesse

La maggior parte degli eventi ECM ha uno o più sponsor sostenitori. Il ruolo dello sponsor nell'evento ECM è quello di supportare in **maniera incondizionata** l'evento senza interagire e influenzare in nessun modo i contenuti scientifici.

Questo significa che per nessun motivo si può parlare di nomi commerciali di prodotti farmaceutici durante le sessioni scientifiche.

In un evento ECM è consentito allo sponsor avere uno spazio espositivo al di fuori dell'aula congressuale e distribuire del materiale promozionale, ma assolutamente senza il logo o nome commerciale del farmaco che produce. È permessa la sola distribuzione di materiale con il logo aziendale e di piccoli gadget di valore irrisorio.

Recentemente è permesso l'ingresso in aula durante i lavori di due persone di aziende sponsor con previa dichiarazione al *provider* dei nominativi. D'altro canto, non è permesso al relatore di nominare il nome commerciale, né di mostrare l'immagine commerciale del farmaco, mentre è consentito menzionare il principio attivo del farmaco.

È obbligo del *provider* proiettare una diapositiva prima dell'inizio e durante ogni pausa, dove si ricordi a tutti gli *speakers* questa regola sul divieto di menzionare o mostrare prodotti con il loro nome commerciale.

L'assistente ECM, che si trova a svolgere la sua mansione in aula, dovrà fare attenzione al rispetto di queste regole, ed in caso di irregolarità, avvisare subito il *provider*.

Lo sponsor può richiedere anche l'inserimento di tavole rotonde o simposi sponsorizzati, ma questi potranno essere inseriti soltanto fuori dal programma ECM o a chiusura dichiarata di esso.

Lo sponsor potrà invitare dei medici a partecipare all'evento, e in questo caso questo l'invito deve essere segnato al *provider* e riportato sulla documentazione da compilare; ei crediti che il partecipante otterrà sono pari a 1/3 dei crediti totali attribuiti all'evento stesso.

Cosa fare dopo l'evento?

Nel caso in cui, l'assistente congressuale abbia fatto interamente le veci del *provider* e gestito da solo l'evento, entro due giorni dalla chiusura, dovrà inviare al *provider* tutta la documentazione e i questionari ECM ritirati e controllati, un debriefing dell'evento, segnalare se ci sono state difformità o problematiche e un suo commento personale sullo svolgimento di tutto l'evento.

Come funzionano i crediti ECM

Varie sono le modalità di formazione codificate dalla normativa ECM ed in particolare:

1)   Formazione residenziale (RES);

2)   Convegni, congressi, simposi e conferenze (RES);

3)   Formazione residenziale interattiva (RES);

4)   Training individualizzato (FSC);

5)   Gruppi di miglioramento o di studio, commissioni, comitati (FSC);

6)   Attività di ricerca (FSC);

7)   Autoapprendimento senza tutoraggio a distanza (FAD);

8)   Apprendimento con tutoraggio a distanza(FAD).

Riporto di seguito uno schema semplificativo del calcolo per l'assegnazione dei crediti per le diverse tipologie di eventi RES:

1)   Formazione residenziale (RES)

Definizione: Attività in cui uno o pochi docenti si rivolgono a molti discenti, ma sempre in numeri inferiore a 200 partecipanti e il livello di interattività è limitato alla possibilità di fare delle domande o partecipare ad una discussione.

Verifiche necessarie: presenza in aula, qualità percepita, valutazione dell'apprendimento attestata dal *provider*.

Crediti assegnati:

da 1 a 100 partecipanti: 1 credito per ogni ora di lezione.

Da 1 a 20 partecipanti: i crediti vengono aumentati del 25% rispetto a quelli previsti.

Da 101 a 150 partecipanti: riduzione del 25% Ora /credito (1 ora = 0,75 crediti).

Da 150 a 200 partecipanti: riduzione del 50%.

**2) Convegni, congressi, simposi e conferenze
(numero dei partecipanti superiore a 200)**

Definizione: Attività con limitato valore formativo, per cui si potranno acquisire un numero limitato di crediti.

Verifiche necessarie: presenza documentata almeno dell'80% della durata dell'evento, qualità percepita e dichiarazione scritta del partecipante di aver seguito le attività.

Crediti assegnati: 0,20 crediti per ogni ora per un massimo complessivo di 5 crediti indipendentemente dal numero di ore della durata dell'evento.

3) Formazione residenziale interattiva (RES)
Definizione: Attività formativa in cui i discenti svolgono un ruolo attivo con ampio livello di interazione tra loro.
Il numero dei discenti deve essere limitato per un massimo di 25 persone per ogni docente o tutor.

Verifiche necessarie: presenza in aula, qualità percepita e valutazione dell'apprendimento attestata dal *provider*.

Crediti assegnati: 1,5 per ogni ora di durata dell'evento.

Evento FAD

Si è accennato ad una tipologia di formazione chiamata FAD, il cui acronimo sta per Formazione A Distanza.

La FAD non è un convegno o un corso che si tiene in un'aula o in un centro congressi, ma, come dice la definizione stessa, si tiene a distanza.

Come si può ben capire dalla definizione stessa di FAD l'assistente congressuale non è impegnato in questo tipo di attività, ma è comunque opportuno che sappia di cosa si tratta e come si svolge, poiché in un evento residenziale spesso c'è la possibilità di acquistare FAD e comunque il partecipante dà per scontato che tutto lo staff organizzativo abbia la conoscenza di tutti gli strumenti di erogazione di crediti ECM e quindi può fare domande sulla FAD.

Verranno qui riassunte le principali caratteristiche di un evento FAD.

Per Formazione A Distanza FAD s'intendono tutte le azioni formative in cui i momenti dell'insegnamento e dell'apprendimento sono spazialmente e/o temporalmente separati e in cui il processo formativo prevede servizi di supporto all'apprendimento di tipo informatico.

Per l'erogazione di corsi di formazione a distanza ci si avvale di piattaforme interattive per la gestione delle lezioni tra docente e discente. Discente e docente possono trovarsi in spazi fisici diversi e l'attività formativa avviene anche in spazi temporali diversi.

La FAD sfrutta nuovi strumenti e tecnologie senza perdere come obiettivo il trasmettere delle conoscenze ottimizzando le modalità di apprendimento: l'allievo non solo riceve le informazioni, ma è anche invitato ad approfondirle tramite sessioni interattive e a condividerle con gli altri allievi, anche attraverso formazione entro aule virtuali.

In passato esistevano tipologie di formazione a distanza, oggi sono ampiamente superate dall'avvento delle ultime tecnologie.

Infatti con lo sviluppo delle tecnologie della comunicazione si hanno nuove opportunità per la didattica in rete, e la FAD attuale punta sull'uso delle tecnologie telematiche.

La tendenza a far ricorso a questo tipo di modalità si sta espandendo anche nelle pubbliche amministrazioni, tanto che il regolamento ex art. 5 della legge 150/2000 prevede espressamente che una parte della formazione deve essere erogata in FAD.

Quali garanzie ha per il suo apprendimento il discente che segue un corso a distanza rispetto alla modalità in aula?

Ciascun corso on-line è composto da raggruppamenti di singole lezioni in sequenza a fruizione obbligatoria. Solo tramite il superamento di una verifica si può accedere alla lezione successiva.

La formazione a distanza è maggiormente assimilabile ai corsi tradizionali, anzi supera alcuni limiti nell'apprendimento dei discenti.

Come funziona la FAD?

La FAD si attua in un ambiente collaborativo di rete via web. Strumenti tipici che si possono trovare entro una piattaforma FAD sono:

- il materiale didattico multimediale consultabile

- organizzato in moduli e unità didattiche;

- biblioteca normativa di riferimento e glossario con funzioni di ricerca;

- il test di verifica alla fine del corso;

- L'erogazione dei crediti a superamento del test finale con invio diretto del certificato;

- il supporto tecnico.

Qual è il metodo didattico su cui si basa la FAD?

Ogni corso è composto da slide multimediali audio/video, applicativi interattivi per il test e la verifica di apprendimento, a volte esercitazioni per argomenti, test di verifica di apprendimento multi risposta, dispense e documenti consultabili e stampabili.

Per la partecipazione ai corsi FAD non sono richieste particolari competenze informatiche. È sufficiente saper navigare su internet e saper utilizzare un browser (come Internet Explorer, Mozilla Firefox, Safari, Chrome, ecc.).

La piattaforma si presenta come un sito web con una serie di sezioni, ognuna delle quali presenta collegamenti a varie risorse e attività. L'ambiente di lavoro e la grafica sono molto intuitivi e di immediata comprensione, facilitando la fruizione di tutti gli strumenti presenti nella piattaforma. I materiali didattici multimediali ed interattivi sono fruibili direttamente tramite il browser.; e comunque in una FAD ECM ci sarà la possibilità di avere anche un supporto tecnico da parte del *provider* o da persona delegata e dedicata.

In una piattaforma FAD operano diverse figure infatti, oltre ai docenti che predispongono il materiale didattico, dispense multimediali, oggetti per l'apprendimento e i test di valutazione, esistono figure diverse tra cui gli organizzatori didattici del corso, i quali verificano periodicamente la qualità del materiale didattico disponibile e predispongono le fasi e i diversi momenti in cui si svolge l'attività complessiva dentro l'ambiente collaborativo e i tecnici adibiti alla piattaforma (informatici, questioni tecniche di manutenzione e sviluppo).

I cambiamenti di questi ultimi decenni hanno indotto una crescita progressiva delle opportunità formative e anche delle esperienze riconducibili a modelli di formazione a distanza.

La FAD è un sistema aperto, in cui l'apprendimento avviene in tempi, luoghi e modi a scelta degli utenti, al fine di superare difficoltà tipiche della formazione tradizionale, legate all'arco di tempo disponibile nel corso della giornata, alla distanza fisica e alla rapidità individuale nel raggiungimento degli obiettivi.

94

La formazione a distanza prevede quindi una notevole flessibilità spaziale e temporale rispetto a quella di tipo residenziale (gli utenti possono seguire i corsi in ufficio o a casa, in qualsiasi ora del giorno, semplicemente collegandosi ad internet) e consente un abbattimento dei costi, visto che non vi sono più costi di trasferta degli utenti nei luoghi dove è organizzata la formazione in aula.

Inoltre il discente può decidere i tempi di apprendimento e pertanto velocizzare la conclusione del corso e il conseguente rilascio dell'attestato.

I corsi on-line con il sistema della formazione a distanza, riconosciuta ed applicata a livello nazionale ed europeo, sono validi a tutti gli effetti per legge e su tutto il territorio nazionale. In particolare i corsi dell'ambito Salute e Sicurezza sono conformi ai contenuti del Testo Unico sulla Sicurezza, D. Lgs. 81/08 e S.m.i., D.M. 10 marzo 1998 e D.M. 388/2003 e i crediti erogati con la FAD hanno esattamente lo stesso valore dei crediti ottenuti nei corsi in aula.

Come deve essere strutturato un percorso di formazione a distanza perché coinvolga in modo efficace i discenti?

Un percorso strutturato che coinvolga il discente deve rispettare alcuni punti qualificanti:

- Motivare il discente;

- Specificare ciò che il discente deve apprendere ed in quali tempi;

- Fornire documenti ed informazioni tenendo conto delle potenzialità e delle caratteristiche degli strumenti;

- Offrire supporto;

- Controllare la comprensione.

RIEPILOGO DEL CAPITOLO 4:

- SEGRETO n. 1: L'assistente congressuale ECM è il rappresentante del *provider* in sede congressuale e per poter svolgere questa mansione deve avere dei requisiti di base dai quali non si può prescindere.

- SEGRETO n. 2: Durante un evento ECM è di fondamentale importanza rilevare la presenza e la partecipazione alle sessioni scientifiche, al fine di poter erogare i crediti ECM al partecipante.

- SEGRETO n. 3: L'assistente dovrà raccomandare ai discenti di compilare i moduli in modo ben leggibile per non correre il rischio di essere esclusi dal rapporto finale e perdere così il diritto ai crediti ECM.

- SEGRETO n. 4: Per poter ottenere i crediti ECM è necessario che il partecipante consegni tutta la documentazione debitamente compilata, abbia superato il test di apprendimento ed abbia partecipato all'80-100% dell'evento.

- SEGRETO n. 5: Non è permesso al relatore di nominare il nome commerciale di farmaci, né di mostrare l'immagine commerciale; potrà soltanto menzionare il nome del principio attivo del farmaco: l'assistente ECM che si trova a svolgere la mansione in aula dovrà fare attenzione al rispetto di queste regole, e, in caso di irregolarità, avvisarne subito il *provider*.

Conclusione

Ho cercato di sintetizzare al massimo le regole fondamentali di comportamento, ma non basterebbe un trattato per raccontarvi tutti gli aneddoti di tanti anni di lavoro e di esperienze.

Spero comunque di aver generato interesse e curiosità per una professione che potrebbe essere l'inizio di un percorso di sviluppo e formazione pieno di opportunità.

La professione di assistente congressuale è, anche se molti non lo credono, una professione impegnativa e di alto profilo professionale che richiede passione, impegno e la voglia di imparare sempre giorno dopo giorno e soprattutto di crescere.

È una professione che s'impara lavorando e mettendo in pratica quanto appreso nel corso, "rubando" con gli occhi il comportamento di persone più esperte alle quali sarete affiancati negli eventi stessi, ma anche impegnandosi a seguire dei corsi (ad esempio di comunicazione, di problem solving, di come parlare in pubblico) per completare ed accrescere il proprio bagaglio culturale e formativo.

Tante sono le persone che ho già formato ed inserito nella mia squadra e spero di formarne ancora tante altre per avere un team eccellente che faccia la differenza.

È con tanto entusiasmo che ho condiviso con voi i miei oltre 35 anni di esperienza e vorrei chiuderli con un mio principio:
"Fate che il sogno diventi realtà".

Impegnatevi sempre, qualunque sia il vostro ruolo di partenza e i risultati non tarderanno ad arrivare.

La cosa che mi rende più felice ed orgogliosa alla fine di ogni evento sono i complimenti che ricevo per l'educazione, la formazione e la professionalità del mio staff...questo fa veramente la differenza!

www.ingramcontent.com/pod-product-compliance
Lightning Source LLC
Chambersburg PA
CBHW071105210326
41519CB00020B/6168